JN418568

된비알 올라 뒤돌아 보니

권우용 시선집

교음사

序詩

그저 좋아서

통장에 5만 원이 입금되었다
청탁 시(詩) 한 편에 대한 몸값
웃어야 할지 울어야 할지

시인은 큰 바보다
시집 한 권이 60편이면 30만 원인데
그걸 만 원에 판다니
더러는 봐주십사 나누어 준다니

이제는 아흔 고개로 가면서
저 굽이만 돌면 종착역인데
그래도 시를 쓰는 이유
밤잠 멀리하고 뒤척이는 까닭

그저 좋아서
바보라 해도 시가 좋아서
그저 바보 같은 내가 좋아서

시인의 말

이제 귀도 감감해지고 눈도 침침해져서 더 무엇을 쓰기가 어려워 보입니다. 이쯤에서 연필을 놓는 것이 섭리라 생각합니다만 아쉬운 생각도 많습니다. 그래서 몇 권 발행했던 시집 중에서 다시 읽고 싶은 작품 몇 편을 엮어보기로 했습니다.

항상 부족하고 부끄럽다는 생각에 변함이 없습니다. 그래도 더 익히고 배우려는 노력, 그 몰입이 조금은 대견스럽다는 생각입니다. 쉬어가긴 해도 멈추지 않겠습니다.

감사합니다
함께하는 가족이 고맙고
읽어주는 독자들이 고맙고
채찍질하는 친구들이 고맙고

나를 기억하는 모든 분들이 고맙습니다.

해설해 주신 강희근 명예교수님.

여러 가지로 도와주신 이민호 선생님.

교정과 출판에 수고하신 교음사 강병욱 대표님.

그리고 관심과 조언 아끼지 않는 모든 분께 감사드립니다.

건강과 행운을 빕니다.

안녕히 계십시오.

2025년 3월 어느 봄날

여농 권우용

| 된비알 올라 뒤돌아보니 |

· 차례

· 서문 / 시인의 말

1부 진주에 살면서

잠시 우리도 18
소망등 하나 띄우고 19
에나 20
진주에 살면서 22
딱 좋은 날 24
자전거 26
어머니 28
쑥스러운 것은 29
어렵다, 아려워 30
낙제생 32
노년의 특급열차 34
치매(癡呆) 36
사나흘쯤 38
남해의 섬들 40
사랑하는 사람아 42

2부 꽃들이 고운 날에는

꽃이 좋아 44
꽃은 46
더러는 47
꽃들이 고운 날에는 48
낙화(洛花) 50
석류(石榴) 51
그것도 모르고 52
아내 53
내 나이가 어때서 54
다시 소녀가 되는 방법 56
여자 버리기 58
당신 60
나는 나대로 61
혼자인 것이 62
생선 머리 64

3부 그래도 세월이 고맙다

현재진행형	66
연장전	68
회춘(回春)	70
자화상	72
여든일곱의 생일	74
낮잠 자듯 조용히	76
이제 여든여덟	78
그날에는	79
여든 몇이 되고 보니	80
이제 와 알고 보니	82
무슨 말을 해야 하는데	84
노년의 기도	85
여든이라고	86
미리 하는 인사	87
세월아 고맙다	88

4부 낯선 풍경과의 만남

청산도에서 90
두물머리에서 92
원산폭격 94
운주사에 와서 96
치과에서 98
지산리 고분군(古墳群) 100
지심도(只心島)에 가야 했는데 102
태백산 주목 104
미황사 106
금대암에서 107
미천(米川)골 단풍 108
마애산 마애불(磨崖山 磨崖佛) 110
까보다로카곶(串)에서 112
백두산을 올라 114
천왕봉에서 116

5부 엄마 아빠가

인연(因緣) 118
꽃무릇 120
책가방 122
고마운 일 124
싸움 구경 126
발맞추고 행진하기 128
시인 130
비 오는 날도 있고 132
고도(Godot)를 기다리며 134
벽(壁) 136
노인 다방 138
엄마 아빠가 140
정축생(丁丑生) 소띠 142
아흔 즈음이 되니 144
노인들 146

해설 / 강희근 147

1부

진주에 살면서

잠시 우리도

– 진주남강유등축제

잠시
우리도
그날, 그 성벽 처절한 싸움터의
용맹스러운 군졸이 되어 보아야 한다

그들의 함성 역사가 되어
충절을 말하고
치욕을 증언하며
목이 터지게 외치고 있는데

강물이 저리 곱다고
꽃동산을 이루어 저리 흥겹다고
우리들, 강에 기대어 살면서
술이나 취해 비틀거려서야 되겠느냐

우리들
잠시 옷깃이라도 여미고
임들의 피맺힌 절규
가슴에 새겨야 하지 않는가

소망등 하나 띄우고

– 진주남강유등축제

“우리도 소망등 하나 띄웁시더”
아내가 소매를 끈다
“왜 또 무슨 소망이 남았나”
“그럼 당신은 소망도 없습니꺼”

아들딸 여섯 이름 적고
손자들 여섯 이름 순서대로 적고
“건강하게 하소서!”라 적었다
우리 두 사람은 적지도 않았다

그래 우리는 괜찮다
강물이 이리 고운 밤에
우리는 즐겁고 건강한데 말이다

등(燈) 하나 띄우고
영감 할멈 두 사람
이대로 즐겁다고 두 손을 꼭 잡았다

에나

에나*
될 대로 되느니
꿈꾼 대로 되느니
씨앗 뿌려 가꾼 대로 되느니
준비하고 노력한 대로 되느니
모두가 자업자득(自業自得)
내 탓이고 내가 만든 것이다

에나
보고 배운 대로 되는 것이니
듣고 익힌 대로 되는 것이니
말하고 고집한 대로 되는 것이니
생각하고 실천한 대로 되는 것이니
누구도 탓하지 말고 원망치 말라

에나
제대로 돼야 할 텐데
모두가 잘 되어야 할 텐데
세상사 아무도 모른다
웃을지 울지, 흐릴지 맑을지

우리들 내일이 어떠할지

누가 뭐라 해도
에나 중요한 것은
곱고 착한 마음이다
흔들림 없는
에나 서로 사랑하는 마음이다

* "정말로, ~이다." "참말로, ~이다."라는 뜻으로
경남 진주지방에서 쓰고 있는 방언.

진주에 살면서

전화하면 뛰어오는 친구 서너 명
손님을 기다리는 매실주 두어 병
틈만 나면 읽어야 할 책 한두 권
거기다 비상금 10만 원이 있으니
왜 내가 즐겁지 않겠나

아직 손(孫)여사는 각시처럼 웃고 있고
꿈나무 아이들 잘 자라 즐거운데
디지털 비서 스마트폰도 컴퓨터도 있으니
망구(望九)라도 왜 내가 외로워야 하는가

즐거우면 되는데
진주에 살아도 즐거운 게 으뜸인데
남강도 남해도 집 나서 지척이고
지리산 덕유산도 한 시간인데
산 좋고 물 맑아 풍경도 좋은 곳
왜 내가 엎드려 살아야 하는지
왜 내가 슬프게 늙어야 하는지

진주에 살면서
귀한 벗들, 고운님들 어울려
아름다운 곳 진주에 살면서

딱 좋은 날

인생 여든 줄은
먼 길 떠나기 딱 좋은 나이
살만큼 살았으니
평균수명 여든셋을 몇이나 더 살았으니
이제는 떠나도 손해가 아닌 나이

손뼉 치며 노래하다
"사랑하기 딱 좋은 나이"를 소리 높여 노래하다
망측하게도
저승가기 좋은 나이가 떠오를 때가 있다
섬뜩하게도
죽기에 딱 좋은 나이도 있을까

90이든 100이든 건강하면 그만이고
인생을 즐기며 사랑하면 되는데
무슨 쓸데없는 걱정인가 하면서도
그래도 딱 좋은 날이 있다면
기운이 다하여 쓰러진 날
나에게도 언젠가는 있을 것이니
일주일쯤만 가족들 만나 안녕하고

친구들 만나 먼저 간다 인사하고
꽃 피고 새 우는 화창한 봄날에나
단풍이 고와 하늘 높은 가을날에
그렇게 웃으며 갔으면
노래하다 갔으면
그날이 딱 좋은 날이란 생각인데

쓸데없는 걱정이라 하지만
그래도 그날이 그랬으면 딱 좋겠네

자전거

동그라미 두 개가 굴러 간다
앞 동그라미 미친 듯 달려가고
뒷 동그라미 죽을 듯 뒤따른다

해는 우주의 중심에 떠 있고
난 우주의 중심에 앉아
동그라미를 타고
동그라미를 등에 지고
자전하고 공전한다

구르는 것은 동그라미뿐이 아니다
세상의 길들이 어지럽게 생겨나고
우리들 삶도 동그라미가 되어
물처럼 흐르는 건 인생이고
바람처럼 스치는 건 세월이다
지나쳐 버린 꽃동산은 청춘이다

되돌아오는 길은 언제나 내리막길
브레이크도 없는데
해는 서산마루 벌써 황혼이다

동그라미 두 개가 굴러간다
세월은 공전하며 밀려가고
인생은 어쩌지 못해 끌려간다

어머니

서울 가는 밤 버스 창문에
하늘 가신 어머니
달님이 따라온다

덕천강 따라 원지 산청 지나면서
지리산 그늘에 숨었다 나타났다
무주라 육십령 덕유산을 넘으면서
아름다운 산 그림자 위를 날듯 따르다가
터널 속으로 내가 숨으면
술래가 되어 나를 찾아 살피고
대전 신탄진 아파트 꽃 같은 야경 위로
바람 타고 흐르다가
날개 단 선녀처럼 구름 타고 흐르다가
안성 어디쯤에서
먹구름 만나 홀연히 사라져 버린다

서울의 딸아이 집
곤히 잠자리에 누웠는데
포근한 달빛 한 줄기
아~ 어머니

쑥스러운 것은

쑥스러운 것은
내가 여든도 여덟이나 넘은 것이요
더 쑥스러운 것은
50년 지각생이라는 것이고
더욱더 쑥스러운 것은
이제 겨우 신입생이 된 기분이란 것이다
거기다 더욱 쑥스러운 것은
건방지게 시(詩)를 공부하고 있다는 것이고
무엇보다 더 쑥스러운 것은
부끄럽게도 시가 그저 그런 수준이라는 것이고
누가 뭐래도 내가 쑥스러운 것은
배우지 못한 내 학문의 얕음인데
세상의 누가 뭐라 해도 내가 쑥스러운 것은
염치도 없는 내 인생 마지막 열정이라 하겠는데
허욕이라 흉도 보겠지만
지나친 탐욕이라 수군거리겠지만
그래도 조금 대견하고 자랑스러운 것은
늘그막 노년의 몰입
꺼지지 않는 불꽃 때문이다

어렵다, 아려워

명시(名詩)는 어렵지 않다
쉽고 간결해도 감동이 있고
단순해도 여운이 있어 맛도 있고 멋도 있다
압축하고 함축해서 할 말 다하고 있으니 말이다

문자로 그리는 그림
짧게 줄인 말의 조각품
해설, 묘사만 있어선 안 된다
대상에 끌려가서도 안 되고
내용을 형상화하되 초점을 맞추어야 하고
상징과 비유로 이미지를 그리되
서정으로 흐르면서
사람의 냄새가 향기처럼 풍겨야 하고
상투적인 표현에서 벗어나야 한다
영혼을 쥐어짜는 고통으로
밤새우는 열정과 몰입으로 쓰는 것이 시다

맑은 눈과 고운 심성의 소유자
시인(詩人)은 모름지기
고독 속에서 성찰, 사색해야 하고

참되고 아름다운 것 찾아나서야 하니
더구나 칼로 내려쳐도 그 뜻을 거스르지 않아야 한다니
시 한 편 쓰기가 얼마나 어려운가

거기다 덧붙여
시인은 소년처럼 천진하고
스스로 낮추어 겸손하고
바보처럼 가난해서 청빈(淸貧)해야 한다니

에고!
어렵다, 어려워!

낙제생

할 줄 아는 것
할 수 있는 것
그러니까 그게 무엇인지
아무것도 아는 게 없더란 말이여

몸살감기로 누운 할멈이
열이 몇 도인지 땀을 뻘뻘 흘리며
이불 뒤집어쓰고 끙끙 앓는데
무엇을 어떻게 해야 하는지 안절부절하다가
"병원에 입원하러 가자" 했더니
들릴락 말락 무어라 구시렁구시렁 대꾸하는 말이
"운전도 못 하면서… 119를 부를깅교 택시를 부를깅교"
이런 내용이었으니 내 무능에 대한 원망과 핀잔이 아닌가

한참 부끄럽고 무안해 죽은 듯이 있다가 용기를 내어
"뭐 좀 먹어야 안 되나…" 했더니
"당신이 죽을 끓일 수 있능교… 무얼 하겠능교…
당신이 할 줄 아는 게 뭐 있능교?"
음~ 하며 돌아눕는 눈가에 찔끔 눈물도 보인다

글쎄 그러고 보니 그게 틀린 말이 아니다
라면 끓이는 법을 인제 겨우 배운 사람이
흰죽을 무슨 재주로 끓인담!

할 줄 모르는 것들
할 수 없는 것들
그러니까 모든 것이 그렇고 그래
무엇을 어떻게 해야 하는지 아무것도 모르니
낙제생
그래 나는 이제 나이만 여든여덟이지
아무 쓸모없는 낙제생이더라는 그 말이여

노년의 특급열차

“인생 여든 줄은 날로 늙는다”
그래서 그런지 아침마다 듣는 인사에
“밤새 안녕하십니까?”란 말이 싫어졌다
건강을 물어주는 고마운 안부이긴 하지만
밤 사이에 별고란 말이
영 기분을 상하게 하기 때문이다

멍하니 앉아있지 말고
아직은 주눅 들지 말고
아는 체, 잘난 체, 참견치 말고
넋두리 우는 소리, 슬픈 표정 말고
당당하고 즐겁게 살려고 다짐하고 있는데

그동안
팔백팔십 리 인생길이
완행처럼 지루하다 여겼는데

어느 날 정신 차려 보니
모든 세월이 특급열차였음을 알게 되고
종착역도 금방인 것 같아

이제부터는 완행열차를 타고
세상도 풍경도 즐기면서
함께 가는 친구들과 깔깔거리면서
옆에 앉은 할멈 손도 한번 잡아주면서
그렇게 천천히 갔음 좋겠는데
이제는 문명이 좋아져 완행열차는 없다 하니
흘러가는 구름도 무심하고
지나가는 모든 것이 순간임을 알겠구나

*시인(詩人) 김달진은, 인생 예순줄은 해(年)로 늙고 일흔줄은 달(月)로 늙고 여든 줄은 날(日)로 늙는다고 했다.

치매(癡呆)

이름을 잊습니다
얼굴도 몰라봅니다
집도 전화번호도 모르게 됩니다

아내를 보고 "누고?" 하더니
"도둑이야!" 고함을 지릅니다
시퍼런 칼을 들고 "이기 뭐꼬?" 하더니
바지 내리는 걸 잊어 똥칠을 합니다

참고 견디다
세월이 가면
아들딸이 버립니다
사회도 버리고 나라에서도 어쩔 수 없어
마지막엔 고속도로 휴게소에 미아(迷兒)로 버려집니다

노년 최악의 비극
그 아픔 그 슬픔 비켜가야 하는데
버려지기 싫은 사람아
나는 아니라 자만치 말고
늙은 후 당신의 모습도 그러려니 하며

지금부터 바르게 살아야 할 생활의 습관을 익혀라

하루에 몇 번이라도 크게 웃어라
하루 열 사람의 친구를 만나라
틈틈이 백(百) 자의 글을 쓰고
버릇처럼 천(千) 자의 글을 읽어라
그리고 날이면 날마다 만(萬) 보를 걸어라

사나흘쯤

떠나서
길을 떠나서
나를 돌아보는 시간
내 삶의 성찰과 반성
내 집, 내 가족에 대한 사랑
돌아갈 곳에 대해 그리워하다가

만나서
낯선 사람들
새로운 세상과 풍경들
인사하고 포옹하는 반가움
짜릿한 흥분과 설렘도 있어
모두가 친구가 되어 즐겁게 웃다가

외로워
때로는 혼자라 쓸쓸해
외로움에 울어도 보면서
갈매기 훨훨 춤추는 포구에서
빨간 하늘 낙조의 찬란함을 보면서
고독도 기쁨일 수 있음을 감사해하다가

또 어디
어느 곳에 사나흘쯤
길 떠날 궁리만 하는 나는
혼자가 되는 자유가 좋아
통곡같이 고독한 사색(思索)이 좋아
또 사나흘 어디로 떠나고 싶은 나는

남해의 섬들

잠겼거나
떠 있거나
버티고 서 있거나
섬은 바다의 꽃이다

크거나 작거나
파도 타고 두둥실
그리움 같은 섬, 섬, 섬
세계적으로 이름난 리아스식 해안
남해의 꽃밭에는 꽃을 닮은 섬들이 많다
신안군에만도 천사(1004) 개의 섬이 있다니
섬은 남해의 천사(天使) 같은 존재들이다

가거도 관매도 거문도 거제도 금오도 나로도 남해도 노화도 돌산도 두미도 마라도 매물도 백도 백야도 보길도 비금도 비진도 사랑도 송이도 연대도 노하도 오동도 오륙도 완도 외도 우도 이어도 장자도 제주도 진도 창선도 청산도 할미도 형제도

이름도 정겨워

꽃을 닮은 섬에 올라보니
앳된 소녀의 모습도 보이고
다시 보면 수줍은 처녀의 몸매이고
뒤돌아보면 당당한 여인의 자태가 보이는
섬, 섬, 섬
그 하얀 백사장에 앉아 밀려오는 파도를 보면서
하루 이틀쯤 무언가 속삭이고 싶다

올망졸망
그 섬에 올라
그 섬들과 어울려 살면
나도 섬이 되는 것 아닐까
지금도 그리운
섬, 섬, 섬

사랑하는 사람아

우리가
함께한 자리, 술잔
마주치며 다짐한 말들, 건강
"건강을 위하여!", 행복
"행복을 위하여!", 바람
이것밖에 무엇 더 있었느냐

우리가
먼 길 떠나는 날, 이별
마지막 함께하는 것들, 가족
사랑하는 사람들과 아이들, 슬픔
그들의 눈물과 기도, 그 외
또 무엇이 있을 것인가

당신
사랑하는 사람아, 그리움
보고플 때 그립다 하고, 사랑
곁에 있을 때 사랑한다 말하자, 우리
후회하기엔 인생이 너무 짧다, 결코
가슴 치며 우는 바보는 되지 말자

2부

꽃들이 고운 날에는

꽃이 좋아

꽃이 좋아
꽃만 보고 살았으면 하는 당신은
나보다 꽃이 더 좋다면서
꽃으로 온통 꾸민 그런 집에서
살았으면 좋겠다는 희망이다

나도 꽃이 좋아
꽃만 보면 꽃을 닮고 싶어
꽃처럼 고운 사람이 되고 싶어
꽃만 보면 카메라에 담곤 하지만
아무래도 꽃보단 당신이 더 곱다는 생각이다

당신이
꽃들로 꽃동산을 이루어
새들처럼 노래하고 즐거울 때
나는
꽃보다 더 고운 당신을 가슴에 심어놓고
바라만 보아도 즐겁고 행복하다면
아 우리들의 작은 집은 벌써 꽃 대궐
그 누구, 그 무엇이 부러울 건가

당신과 나는
꽃을 보는 것만으로도
벌써 꽃밭에 살고 있는 것이다
행복한 사람으로 살고 있는 것이다

꽃은

꽃은
울지 않는다
성낼 줄도 모른다

꽃이 고운 얼굴
아름다운 것은
웃을 줄밖에 모르기 때문이다

더러는

더러는
뱀사골 단풍 고운 길을 걷거나
덕유산 향적봉 설화(雪花)를 보다가
옆에 선 여자를 보면서
당신이었으면 좋겠다는 생각을 했지

더러는
알프스의 몽블랑 그 아름다움에 취하거나
파리의 리도쇼 그 현란한 춤을 즐기다
옆에 앉은 당신을 보면서
다른 여자였으면 하는 생각도 했지

사랑의 배신
남자들의 얄궂은 본능
동전의 양면 같은 것
주체하지 못하는 변덕을
어이 할꼬! 어찌하면 좋을꼬!
이제 아흔을 바라보면서도
언제나 초연(超然)할 수 있을꼬!

꽃들이 고운 날에는

고운 봄날
아니면 하늘 높은 가을날
모든 꽃들이 저렇게 피어
목이 터지게 만세를 부르는 날에는
무언가 외치고 있지 않을까

평화를 구가(謳歌)하는 구호이거나
위대한 혁명공약의 선포이거나
아니면 베토벤의 교향곡 9번
'환희'와 같은 합창곡인지도 모른다

아니 어쩌면
사람들은 왜 화합하지 않고
미워하고 헐뜯고 싸우고만 있는가
왜들 대화하고 손잡지 않는가 하며
우리들 인간을
성토하고 있는 것은 아닐까
무슨 궐기대회라도 열어
인간들의 각성을 촉구하며
자신들의 우월을 과시하고 있을 것이다

꽃들이 저리 고와
우리들 마음도 즐거운 날에는
술이나 취해 비틀거리지 말고
꽃들이 전하는
사랑과 화합의 메시지를 들어야 하지 않는가

조금은 부끄러워
얼굴이라도 붉히면서
꽃처럼 꽃을 닮아
서로 믿고 사랑하며 사는 삶
그렇게 살아야 하는 것 아니냔 말이다

낙화(洛花)

피어서
아름답더니
향기롭더니

지면서
이별
아픔일 뿐이다

님아
우리는
떨어지지 말자

석류(石榴)

주체하지 못하고
터져버린 저 빨간 색깔은
열정일까 성숙일까

알알이 익어
견딜 수 없는 기다림에
넘쳐 흐른 그리움을
보고만 있어야 하는가
모른 체 외면해도 되는가

얄밉게 벗어버린 당돌함
환희의 모습이고
희열의 외침이다
자신만만하고 당당한 풍만은
보는 것만으로도 유혹이고 쾌감이다

아찔한 도발
새콤한 군침이 돈다
이제 너를 씹어 먹고 싶다

그것도 모르고

그것도 모르는 사람들이 있다
조금 다가가서
먼저 '안녕!' 하며 빙긋이 웃거나
아닌 척 살며시 기울어지기만 하면 되는 것을

나이 탓만 하며
외롭다는 넋두리만 하면서
스스로 외톨이가 되어 슬프다 푸념하며
금쪽같은 세월만 허송하면서
그리운 사람 하나 만나지 못하고
외롭고 슬프게만 사는 사람들

그것을 모르니
알면서도 모른 체 살고 있으니

아내

곤히 잠든 아내 가슴에
살며시 손을 얹었다
반백 년 하고 일곱 해 긴 세월을
고생했다고
너무 고마웠다고
그리고 나 혼자 행복했다고
감사의 인사를 전하려다가
곤히 잠든 그 모습이 애처로워
미안하고 부끄러워
가만히 손을 내렸다

내 나이가 어때서

가수 오승근은
'내 나이가 어때서'*에서
용기와 열정만 있다면
지금 이 자리, 지금 이 순간이
'사랑하기 딱 좋은 나이'라고 노래하고 있다

나이 같은 것
처지와 조건 같은 것 다 무시하고
얼마든지 사랑을 구가(謳歌)할 수 있다고
후회 없는 사랑을 외치고 있는 것이다

사랑은 젊은이들의 전유물이 아니다
어느새 흘러버린 청춘이라고
사랑은 가고 추억만 남았다고 넋두리 마라
나이는 숫자의 누적일 뿐
지금이 딱 좋은 나이
여든 청춘도 있으니 말이다

주눅 들지 말고
고운님 만나 사랑하라

그리운 사람 그리워하며 사랑하고 즐거워라
사랑하는 사람들은 늙지도 않는다
사랑만이 영원하고 인생을 향기롭게 한다

사랑은 삶의 의지
우리가 살아가는 이유
뜨겁게 사랑하며 살면 된다
더 있으면 추(醜)해질 터인데
지금, 오늘, 이 시간
사랑하기 딱 좋은 나이에
고운님을 만나 사랑하며 살아라

* 오승근의 노래 제목

다시 소녀가 되는 방법

마음이 늙었다면
열여덟 소녀도 할머니가 된다
일흔 할머니가 꿈을 안고 사니
빙그레 웃는 모습이 소녀 같지 않더냐

화장품만 찍어 바르지 말고
책을 읽고 시집을 읽어라
마음이 고와지고 세상이 맑아지고
생각이 고와지면서 너도 꽃처럼 고와지리라

전설처럼 전해지는 고운님들의 이야기
얼굴 고운 기생들은
기껏해야 난봉꾼들의 노리갯감이지만
시가(詩歌) 뛰어난 예기(藝妓)는
사대부 선비들의 애간장을 녹였으니
그들의 구애를 즐겼을 황진이 매창이에다
진주 기생 계향이의 글귀가
지금도 읽히고 있지 않는가

옛 선비들이 낙향해서
물 좋은 계곡에 정자 하나 짓고
문우들 불러 시(詩)를 읊으며 즐기던 풍류는
맑은 바람 고운 심성으로 늙지 않기 위함이었으니

백발이 두려운 사람아
주름이 무섭다는 여인아
시를 자주 읽어라
당신도 고운 사람, 꽃이 되리라
시는 당신을 소녀로 만들고
당신의 운명까지도 아름답게 하리라

여자 버리기

버려야 한다면서 버리지 못한 것
비워야 한다면서 여태 비우지 못한 것
탐욕과 아집은 버린 지 오래인데
고집과 참견도 팽개친 지 오래인데
아직 무슨 찌꺼기가 남았나
주위를 둘러보는 버릇이 있다

채 다 버리지 못한 것들
인색과 푸념을 버리면 되겠는데
거드름과 넋두리를 함께 버리면 되겠는데
다 아는 체 강요하고 훈계하지 않으면 되겠는데
소리 없이 익어가는 유덕골 사과처럼
색도 곱게 맛이 들면 되겠는데

마지막 큰 것 한 가지
이제는 여자를 버려야 할 때
내 머리, 가슴속을 차지하고 누어
밤이나 낮이나 나를 괴롭히던 요물덩어리
그 교태(嬌態)를 왜 버리지 못했을까

더는 탐하지 말고
우리집 할멈 눈썹달 고운 웃음에다
짭짤한 된장 맛 정성이 그만인데

노탐(老貪)은 노년의 꼴불견
추잡하지 말아야지
알몸뚱이 여자를 버려야 해탈(解脫)이 된다

당신

미소
밝은 표정
만나는 사람마다 친구가 되는

정성
지치고 허기질 때
맛으로 한 상(床) 잘 차려진

행복
땀과 헌신
나와 아이들 즐겁게 하는

사랑
어둠이 내린 황혼
손 꼭 잡고 함께 가는

나는 나대로

누가 보거나 말거나
나는 이대로 즐겁고

누가 뭐라 무어라 해도
할멈 함께 있으니 좋고

누가 울거나 말거나
여든여덟에도 외로움을 모르고

누가 먼저 가 슬프다지만
나는 팔팔하게 걷고 있으니

나는 나대로
나 생각하는 대로

나 좋은 대로
나 하고 싶은 대로

웃고 즐기면서
그렇게 살면 되는 거

혼자인 것이

사랑이 없으니 외로운 것이지
혼자라고 외로운 것 아니다
그리움이 없으니 쓸쓸한 것이지
홀로 있다고 쓸쓸한 것 아니다

외톨이가 되느니
혼자만의 자유를 만끽하면서
집중하고 몰입하는 열정만 있다면
차라리 혼자인 것이
자유롭고 덜 쓸쓸하다

홀가분한 사색이 있고
부질없는 고민과 잡념이 없으니
나는 행복한 자유인
무엇을 해도 내 마음대로
사랑과 그리움 노래한 시집 몇 권
베갯머리에 놓아두고
시(詩)를 읽다 사랑을 생각하고
시 한 구절에 그리운 사람 그리워하며
이 가을밤에 시를 쓰고 읽을 수 있다면

차라리 혼자인 것이
조금 쓸쓸하고 외로운 것이
더 행복하지 않겠는가

생선 머리

어머닌 생선 머리를 좋아하셨다
갈치나 조기의 머리는 항상 어머니 차지였다
"나는… 머리가 제일 맛있어"
뼈다귀의 짠맛을 빨고 발라 드시던 어머니
우리는 어머니의 별다른 행복을 정말로 알았다

세월이 흘러 아이들 태어나고
어머닌 하얀 백발이 되셔서
이제부터는 몸통을 드리고
생선 머리는 내가 먹어야겠다고 했는데
아이들 항의를 듣고 깜짝 놀랐다
"아빠! 안돼요! 뼈다귀는 할머니 드려야 해요!
할머니가 제일 좋아하시는데…"

이제 어머니는 떠나시고
생선 머리는 내 차지가 되었습니다
생선 가시를 빨아 먹을 때마다
불효자의 눈물샘은 마르지 않습니다
아~ 어머니!

3부

그래도 세월이 고맙다

현재진행형

인생
살얼음 위 걷기
그 아픔과 슬픔의 무게
현재진행형이다

사랑
한 여인을 만나
함께 만드는 꽃밭
아직 현재진행형이다

산(山)
오르고 싶은 열정
나 자신과의 힘겨운 싸움
이것도 현재진행형이다

돈뿐이던 놈들 다 가버리고
욕망이란 놈들도 먼저 가버렸지만
지금 이 순간
콧노래 흥얼거리며
그냥 즐거우면 되고

조금 젊게 살면 되는데

시(詩)
또 하나 아름다운 노래
서정의 깃발 높이 들고
끝나지 않는 현재진행형
오늘도 붓방아를 찧고 있다

연장전

남루와 초라는 나의 얼굴
음달에서만 살면서 항상 먼지투성이였다

질시(嫉視)가 싫어
하대(下待)가 싫어
가슴에 숨어 울면서도
땀 흘리며 살면 되려니 했다

쓰러지지 않으리라
절대 주저앉지 않으리라
하물며 굽실거리지 않으리라
싸우며 달려온 나의 인생
이제 체력이 바닥인데
아직 게임은 끝나지 않았고
연장전 후반이 남았다

끈질긴 무승부
성공도 없었고 실패도 없었다
스코어는 아직도 0:0

힘을 내자
희망 열정 즐거움 같은 것
그래 나는 이기고 있다
적어도 쓰러지지 않는 나의 인생
나는 실패 하지 않은데 성공했다
나는 부끄럽지 않게 살아가는 데 성공하고 있다

회춘(回春)

이틀이나 사흘쯤 온천에 가서
꽃이나 꺾고 놀자는 꼬임에
우리집 꽃은 어쩌라고 했더니
에라 이 바보 같은, 병신같은 놈아! 하면서 통화는 끊겼다

쓰러진 고목에도 물이 오르고
황진이 눈썹 같은 잎이 돋는 계절에
색다른 불장난에 재미야 있겠지만
산전수전(山戰水戰) 다 겪은 노병이
아무것도 못하는 채
엎드려 살면 되는데
셋방살이 신혼 그때처럼
손도 잡고 가슴에 안기도 하면서
바글바글 된장 맛이 으뜸이라 여기며
정든 얼굴 하나 보고 살면 되는데

무슨 힘 있다 없다 하는지
잃은 것도 없는데 무엇을 찾아야 한다고
저놈들이 날 병신, 바보라 하는지

이놈들!

진짜 바보 같은 놈들아!

너희는 그게 좋다면

녹슨 발동기 시동이나 걸어봐라

나는 내일

고운님 손잡고 천왕봉 갈란다

자화상

몸매는 습관의 거울
내가 즐겨 쓰는 몸짓이다
육신은 생활의 현주소
하루하루 살아가는 노동이다
얼굴은 역사
살아온 삶의 기록이다

대머리
잡(雜)생각에 대한 형벌
왜 밤새워 많은 고민을 했나
왕 주름
책임과 부담에 대한 산물
노동의 피로가 그리 많았나
비만
지나침에 대한 경고
무슨 식탐이 그리 많았을까

찌들고 시들어
숨길 수 없는 이력서
눈웃음으로도 감추지 못하는

부끄러운 자화상이다

빈곤의 알리바이
나태와 무기력의 현장
나의 얼굴은
나의 책임이다

여든일곱의 생일

아이들이 다 모였다
큰아이는 창원에서 오고
딸과 사위는 세종에서 오고
아이들 합쳐 14명 가족이 다 모였다

고기 먹고 소주도 한 잔 걸치고
케이크 불 켜고 해피 버스데이도 부르고
축하한다! 건강하세요! 덕담들 하지만
나의 여든일곱의 생일에는
365개의 하루가 가 버렸다고
그날이 좀 더 가까이 온 것 같아서
도저히 즐겁지 않다고
허무하고 아쉬워서 괜히 우울해진다면서
앞으로는 무슨 기념일이라 축하하지 말고
가만두는 것이 좋겠다고
생각나는 대로 몇 마디 하다가

아프지만 말고
어디 여행이라도 다니면서
지금처럼 이대로만 계시라고

좋아하는 시(詩)를 읽으면서 즐거우면 좋겠다고
아이들 고운 당부에
그래 그래 고맙다 하다가

할멈이 챙긴 흰 봉투 세 개에 관심을 가졌다
웬 돈 욕심인가 부끄러워하다가
썰물처럼 아이들 다 떠나가고
영감 할멈 두 사람 집으로 와 보니
내 생일 달력 위 동그라미 속으로
또 한 해(年)가 사라져 버린 날
오늘은 기쁘고 감사한 날이지만
어찌 좀 우울한 기분이다

낮잠 자듯 조용히

노소(老少)가 없더니
이제는 순서도 없어졌다
고운 얼굴 미운 얼굴
하나둘 사라져 없으니
서글픈 마음은
허허로운 벌판에 선 기분이다

나른한 피로
자꾸 눕고 싶고 눈감고 싶으니
여든에는 날(日)로 늙는다는 말이나
"밤새 안녕!"이란 인사가 새삼스럽다

사무사(思無邪)
모든 생각에 간사함이 없지만
몸도 의욕도 접어두고
이제는 가야 할 때
이별을 준비할 때

나는 아니라 도망가지 말고
나는 싫다 발버둥치지 말고

좀 더 의젓하고 당당하게
가능하면 허허 큰 웃음 한 번 웃고
낮잠 자듯 조용히
그렇게 그렇게

이제 여든여덟

이제 여든여덟
이제는 폭삭 늙었으니
이제는 꼭 할 일도 없으니
이제는 갈 곳, 오라는 곳 없으니
이제는 만날 사람, 만나자는 사람 없으니
이제는 지팡이에 조금 절룩거려도 흉보지 않으니

이제부터는 나 자신을 돌보며 살면 되겠는데
더러는 시를 읽다 꾸벅꾸벅 졸기도 하다가
남강 습지원 그 강을 걷거나 뛰다가
꽃도 보고 눈썹달도 보다가
이래도 좋고 저래도 좋은
나는 이제 여든여덟

그날에는

벗꽃 진창 피어나는 그런 날이나
빨간 단풍 하나 둘 떨어지는 그런 날이었음
얼마나 좋을까

눈물 같은 궂은 비 계속되다가도
그날에는
쨍하고 해가 뜨는 그런 날이었음
엄마 만나러 가는 길에
꽃이 피어 꽃동산이었으면
그렇게 단풍이 고왔으면
좋겠네, 정말 좋겠네

여든 몇이 되고 보니

여든 몇이 되고 보니
세상이 보인다
인생도 보인다
모으고 쌓았다고 으뜸이 아니더라
높아서 귀하다 해도 하루살이 운명이더라

여든이 되고부터
여자도 보이더라
분칠에 입술
달 눈썹에 마스카라가 아무리 곱다 해도
꽃도 열흘이면 시들어버리니
반백 년이 넘어도 시들지 않는 꽃
박꽃 같고 호박꽃 닮은
우리집 할매꽃이 제일이더라

여든 몇 해를 살다 보니
조그만 길도 하나 보인다
죽어라 달려온 길
탐욕과 아집으로 하루하루가 싸움이었으니

이제는 모두 내려놓고 고맙게 인사할 때
하늘에 닿는 고운 길도 보인다

벌써 황혼, 돌아갈 길도 없지만
저 먼 곳에서 어둠이 밀려오고 있지만
인생 여든을 넘기면
즐거운 것이 좋더라
사랑하는 사람이 좋더라

얼마나 남았을까
더는 후회할 시간도 없다
소리 높여 웃을 일이다
잘 놀고 즐거운 것이 정답이다

이제 와 알고 보니

걷기도 하다가
조용히 책을 읽다가
더러는 친구를 만나 밥을 먹다가
먼저 간 놈들 이야기에 찔끔거리기도 하다가
어느 날은 산이나 바다로 버스 타고 먼 길 가다가

가만히 생각해 보니
인생은 요지경 속이고
나도 모르게 지나고 보니
더 열심히 살지 못한 것이 후회스럽고
이제 와서 알고 보니
잘난 놈 못난 놈 그놈이 그놈이더란 것이고
힘들게 땀 흘려 살고 보니
우리들 인생 한숨이고 슬픔이래도
이제는 모두가 아름다운 추억인데

이제는 인생 황혼
곱게 물든 저녁노을 바라보고 앉아서
며칠 남은 나날들
포근한 안식이기를

더는 가슴 아픈 슬픔 없기를
바라는 마음뿐이다

무슨 말을 해야 하는데

사랑했다고
고마웠다고
그리고 행복했다고
무슨 이별의 말을 해야 하는데

해는 지고 노을도 사라지고
어둠이 닥쳐오는데
여린 햇살에 사라지는 목숨이라도

지금도 사랑하고 있다고
아프지 말고 즐겁게 살라고
피를 토하듯 무슨 말이라도
뜨거운 당부로 해야 하는데

떠나면 그만인 안타까운 순간에
가고 나면 빈자리
아무것도 없는 마지막 순간에
무슨 말을 크게 해야 하는데
포옹처럼 무슨 몸짓이라도 해야 하는데

그것도 못한 나는
그것도 못하는 나는

노년의 기도

외롭지 않고
심심하지 않게
너무 아프지 않게 하시고
친구 서너 명 만나 웃게 하시고

어쩌다 혼자라도
외로움에 울지 않게
찬란한 고독을 즐기면서도
꿈과 희망의 끈 놓지 않게
가끔 술잔 나누지 못해도
이웃들 만나 웃게 하시고
때로는 몸살감기를 앓아도
낙엽 지는 슬픔 속을 즐겨 걷게 하소서

가슴 아픈 후회 더는 없게
'사랑한다'고 인사하게 하시고
끝으로 우리 아이들
희망 속에 감사하며 살도록
깨우쳐 주시고 채찍 하여 주소서
두 손 모아 기도합니다
아멘!

여든이라고

여든이라고
아흔이라고

혼자 외롭다고
늙어 슬프다고

방구석 차지하고
푸념이나 하다가

누웠다 앉았다
해소 기침 콜록콜록

세월 탓만 해서야
아픈 탓만 해서야

아무리 여든이라도
백발에 아흔이라도

미리 하는 인사

어느 날
갑자기 부르실지

어느 곳
벼락처럼 닥칠지

“밤새 안녕!”
인사도 두려워진다

여보!
당신은 더 놀다 오소

아이들아!
너희들도 재미있게 살아라

인생 여든은
매일 인사하는 나이

“여러분! 안녕히 계세요!”
미리미리 인사하는 마음

세월아 고맙다

어제는 흘러가 버렸고
오늘 또 하루가 흐르고
내일도 지나갈 것이고
또 모레도 흘러갈 것이니

그렇게 한 주일이 지나고
한 달 서른 날이 지나고
봄가을 계절이 변하고

묵은해가 가면서
새 해가 뜨고
새 아침이 밝아오면
또 한 해 365일이 멀어진 것이고
그날에 365일이 가까워진 것이다

여든에는 하루하루
금쪽같은 시간
가는 해도 고맙고
밝아오는 아침도 고맙다
세상사 모두가 고마울 뿐이다

4부

낯선 풍경과의 만남

청산도에서

슬로우 슬로우
천천히 천천히
느긋하고 나긋하게
즐겁게 걸으면 되는걸
손도 잡고 이야기도 나누면서
흥에 겨워 노래도 한 곡 뽑으며
두둥실 신이 나서 어깨춤도 추면서
바다를 안주해서 막걸리도 한잔하면서
고운 하루, 멋진 삶을 살면 되는데
그걸 모르고 아등바등 살았으니
휴식이 있고 평화가 있는 섬
슬로 아일랜드 청산도에 와서
땀투성이 바쁘게 달려온
내 인생이 부끄러워져서
느긋하게 살려 했는데
즐기며 살려 했는데

이크! 저 뱃고동 소리
여객선은 떠난다는데
에끼 큰 일이다!

달려! 어서 달려!
빨리빨리!
뛰어!

두물머리에서

외로움과 외로움이 만나
사랑이 되듯
그리움과 그리움이 만나
열정이 되듯
남한강 북한강 두 강물이 만나
하나의 큰 강, 한강이 되듯
손잡으면 화해
함께 가면 친구인데
우리는 왜 손 잡지 못하고 삿대질인가
욕하며 왜 총만 겨누고 있는가

남한강 굽이굽이 힘찬 물결이
북한강 줄기줄기 흙탕물을 만나
처녀 총각 처음 만나 손잡는 감격처럼
감고 담고 안기어 스르르 물결이 되어
뜨겁게 뜨겁게 한 몸이 될 때
고운 정(情)이 잉태되어
꿈도 생기고 희망도 생겨
그렇게 그렇게 평화, 새 역사가 되는데

우리가 서로 만나
연인이 된다면
남과 북이 서로 만나
하나가 된다면
얼마나 좋을까
우리는 언제나 웃는 얼굴 하나가 될까

원산폭격

잊지 못합니다
잊을 수가 없습니다
밤이면 밤마다 시도 때도 없이
무차별 폭격이 있었습니다

"원산폭격* 실시!"
"대가리 박아! 이 자식들아!"
섬뜩한 명령에
신경도 얼어붙고
공포에 몸을 떱니다

대가리들
우리들 애국심 가득한 머리를 땅바닥에 처박고
두 팔을 옆으로 벌리면 폭격기 날개가 되고
엉덩이를 하늘로 치켜들면
네이팜탄(彈) 쏟아붓는 F-86 세이버 제트기가 됩니다
내 몸을 폭격하는 급강하
영혼과 육신은 1,000도 불구덩이에서 산화하고 맙니다

군기를 바로 잡는다는 구실과 핑계
한두 달 선임이라는 계급의 횡포

자신이 당했던 폭력에 대한 분풀이
거기다 짜릿한 쾌감을 즐기듯
당연한 권리처럼 자랑스러운 특기처럼
우쭐대기도 하면서 히죽거리기도 하면서
물에 담갔던 빳다를 뽑아들고
명사수 같은 기분으로 엉덩이를 내려칩니다

혹시 누구라도
이런 폭격 당해 보셨습니까
5분이면 누구나 쓰러집니다

조국에 충성을 맹세한 보석 같은 우리들 육신은
분하고 가슴 아파 쓰러져 울면서도
우리 편 내 형제가 저지른 만행에 치를 떨면서도
이것도 애국인가, 이것도 군율인가 하면서
이를 악물고 견디어 왔습니다

원산폭격
백발이 되어서도 그때가 그리워서
이불 위에서 한번 해 봅니다
노쇠한 육신, 시작도 못하고 픽 쓰러졌습니다

* 한때 군에서 있었던 가혹스러운 기합의 한 종류

운주사에 와서

아, 저 얼굴
찢어지고 터져 슬픈…
아, 저 모습
맨발인 채 헐벗은…
눈, 코, 입, 팔다리가 잘려도
아픈 줄 모르고 절망치 않는 표정
어쩌면 너의 모습, 나의 모습
우리 민초들 얼굴 같은
부처님, 부처님

높은 석대 위에 계시지 않고
대리석 좋은 옷도 마다하시고
크다는 자랑도 당찮다 하시며
찌든 얼굴, 우리들 모습 그대로
똥장군 지시던 아버지의 모습 그대로
장작 패고 쌀가마 지든 상처투성이 돌쇠의 얼굴로
언제나 작고 낮은 몸짓이다

좋은 것 다 버려두고
잡초들 이불처럼 자란 들판에서

바람도 할퀴고 가는 바위 틈에
때로는 비틀거리면서도
부다가야의 석가모니 붓다님은
부서진 돌부처가 되어
내가 곧 부처라 하시고
자비와 사랑을 베풀라 하셨으니

여기 운주사에 와서
우리가 고운 사람이 되고
누구나 착한 사람이 되는 것은
천불천탑(千佛千塔) 그 미소 그대로
부처님도 우리를 닮고
내가, 우리가 그를 닮아
같은 얼굴로 살아 있기 때문이다

치과에서

팔다리 결박당해 누웠다
남산동 지하실*
공포의 전류가 흐른다

마취제 한 방
찢어진 입 사이로 칼이 드나들고
사각사각 드릴로 깎아내고
땅땅땅 망치로 두드리고
드라이버는 구멍 뚫고
네 죄를 네가 알렸다, 이래도 자백치 않을래
내 영혼의 바닥에 파이프를 박으며
문초는 계속된다

내 삶의 부끄러운 악취와 파편들
폐기물 덤프로 내뱉으며
살려 주십시오, 제가 잘못했습니다
처절한 후회와 아우성
나는 사슴새끼 눈물 고인 목소리로 기도를 한다
나는 오늘 식탐의 죄를 고백하고
결박과 구속에서 자유를 얻었고

또 한 번의 맹세를 했다

감사합니다
정말 감사합니다

달콤한 미각
미뢰**는 식도락이 즐겁다 해도
나는 치통 없는 식탁을 꿈 꾼다

* 옛 중앙정보부의 취조실
** 혀 표면에 있는 맛을 구분하는 조직

지산리 고분군(古墳群)*

봉긋이 솟아 아름답더니
다붓이 솟아 정답더니
보아도 보아도 자꾸 눈길이 간다

대가야(大伽倻)의 숨길
지산리 고분군에 비가 내리고
어디선가 비명과 통곡이 들린다

석곽의 돌문이 닫히고
산채로 암장되는 야만의 순간
암흑으로 추락하는 공포
울부짖는 분노와 비애
역사는 피와 눈물로 쓰여진 기록이다

마지막 바라본 하늘빛은
암흑, 아마 캄캄한 어둠이었을 것이다
저승의 문턱을 넘으며 울부짖던 비명은
먹구름이 되고 뇌성이 되어
오늘도 산하를 할퀴고 있는 것 아닐까

이승과 저승 사이
죽은 사람은 사그러진 뼈로 증언하고
산 사람은 울분이 가슴 아파 치를 떨면서도
살아있음이 곧 축복임을 알겠는데

비에 촉촉이 젖은 고분군
이런 곳이 저승이라면
두렵지만은 않겠네
나도 이런 곳 이런 자리
쓰러져 잠들었으면…

*경북 고령군 지산리 소재 대가야국 왕족, 귀족들의 무덤. 200여 기(基)가 남아 있는데 순장(殉葬)의 역사를 볼 수 있다.

지심도(只心島)에 가야 했는데

동백 아가씨 오신다기에
지심도*에 가려 했는데
고운 얼굴로 기다린다기에
지심도에 가야 했는데

꽃이 된 아가씨들이 사는 나라
나도 꽃을 닮은 백성이 되어
함께 웃고 노래하며
꽃처럼 바람처럼 그렇게 살고 싶었는데

하루 이틀 기다리다
내일모레 작정하고 기다리다
비가 왔고 바람이 불었고
그렇게 날들만 자꾸 흘러가고
그리움과 아쉬움에
남쪽 바다 지심도만 바라보다가

동백 아가씨 섭섭하게 떠난다기에
치맛자락 잡고 매달리려
지심도로 가려 했는데

그리운 마음 사랑하는 마음
흘리고 간 눈물 자국이라도 보려
지심도로 가야 했는데

이제는 모두 떠나고
구름 가듯 떠나버리고
뚝뚝 흘리고 간 슬픔만 남았다기에
떠나간 뒷자리 그 뱃길 따라
한나절 수평선만 바라본다 해도
슬픔이 좋아 혼자라도 쓸쓸해서 좋아
지심도로 가려 했는데
지심도에 가야 했는데

*거제시 일운면 지세포리에서 동쪽으로 1,5km 해상에 위치한 섬. 동백꽃이 아름다워 동백섬으로 불림.

태백산 주목

산이 좋아 산에 살더니
죽어서도 천 년
선 채로 미라가 되었다

칼바람 살을 후비고
눈보라 온 몸을 후려쳐도
그 산하 꼿꼿이 지켰고
꺾이지 않는 기상으로
절망 같은 울음 울지도 않았다

삶과 죽음
두 세상을 산다 해도
세월이란 바람 같은 것
눈 깜짝 순간임을 알겠는데
구름 같은 허무임을 알겠는데

백 년도 못 살면서
영원을 살 것처럼 큰소리치는 사람아
여기 태백산 천재단에 올라
겨울 산 마주하고 우뚝 선 주목을 보라

파란 하늘 위 높이 서 있어도
무엇 하나 자랑치 않고
다소곳이 겸손한 마음
그 분수와 침묵을 배워라

그리고
다 흘러갔다고 울기 전에
사랑하며 살아라
후회 없이 인생을 즐겨라
아깝게도 우리는
백 년도 살지 못하느니…

미황사

수수해서
소담하고 아름다워야 하는데
꾸밈없이
소박하고 질박해야 하는데
한가해서
고요하고 한적해야 정말 좋은데
크지 않고 화려하지 않고
조그마해서 웅장하지 않고
내 집같이 맑고 편안해야 하는데

목탁 소리
염불 소리
새소리에 바람 소리
풍경 소리만 들리는 그런 곳

하룻밤 참선하고 싶은 곳
내 가슴속 고운 곳에 숨겨두고 싶은 곳
이 절집만은 평생 그리워하며 살고 싶은 곳
해남 달마산에서 찾았네

금대암에서

우뚝 솟아 정상이라 해도
혼자서는 산일 수 없다

산 위에도 산 있고
산 아래도 산 있지만
혼자서는 설 수 없는 운명이다

산은 언제나 그 자리
둘이지 않고 셋이지 않고
오직 하나로 함께 있다
뽐내지 않으며
군림하지 않으며
수백 수천의 낮고 작은 봉우리
어깨를 나란히 품에 안고
비바람 억세게 푸르럼 키우며
싱그러운 표정으로 솟아 있다

중봉, 천왕봉, 제석봉, 반야봉, 촛대봉, 영신봉…

산은 함께 어울려 큰 산이 된다
산은 함께 모여서 큰 산이 된다

미천(米川)골 단풍

죽어도 좋다는 순간
죽었으면 하는 자리
누구나 그리며 산다

설악산 그 동쪽
하얀 쌀뜨물이 흘렀다는
미천골 골짜기
빨래판 바윗길
혀 꼬부라진 산길 따라
다섯 빛깔 고운 터널 숲
속살 즐기며 걷는다

첩첩 산
우둑한 봉우리들의 함성
온 세상 불태우겠다는 불길
들어오라
사랑하라
그리고 태워버려라

산은 서로 휘감겨 몸부림치고
산새들 짝을 만나 즐거운데
아~ 좋다 죽어도 좋다
나도 산이 되고 아우성이 되어
고운 열정, 빨간 불빛으로
어느 누구의 사랑이었으면…

시샘바람 살랑
단풍잎 하나 둘 떨어진다

아찔한 클라이맥스
미천골 골짜기선
누구나 잠시 죽지만
죽은 사람은 아무도 없다

마애산 마애불*(磨崖山 磨崖佛)

웃고 계셨다
비에 젖은 몸 말리며
부처님도 웃고 계셨다

방어산 된비알 오르다
비를 만나
땀에 젖고 비에 젖어
마애불, 약사3존불입상 앞에 섰다

"비가 오는데
이렇게 찾아오다니
얼마나 고마운 일인가"

부처님이 반기시기에
나도 합장하며
큰 절을 올렸다

"날 만나러 오느라고
흠뻑 젖었으니
너도 바보 나도 바보

우리가 서로 닮지 않았느냐"

그 말씀 한 마디에
땀에 저린 나의 인생
그 아픔 그 번뇌 모두가 극락이 되었다

*함안군 군북면 방어산 마애사 800m 지점 산 중턱에 위치한 신라시대의 마애불.

까보다로카곶(串)에서

길이 끝나는 곳에서
사람들은 절망한다
쉽게 포기하고 꿈을 접는다

길이 끝나는 곳에는
절망만이 있는 게 아닌데
희망도 함께 있음을 모를 뿐이다

주저앉은 사람에겐
절망은 끝이고 좌절이지만
희망하고 도전하는 사람에겐
깎아지른 절벽도 시련일 뿐
망망대해 그 높은 파도도
길이고 삶이다

나 오늘
대륙의 끝이라는 '하얀 바위' 위에 서서
이곳이 큰 바닷길의 시작이며
뱃길이 달리고 문명이 달린
인류 역사의 길이었음을 본다

울고 있는 사람아
절망하고 포기한 사람아
길이 끝나는 곳에 새 길이 있음을 보라
그 길을 걸어야
자랑스레 새 길의 주인이 됨을…

꿈이 있고 열정이 있는 한
새 희망이 있음을 배워라
오늘의 역사, 오늘의 문명이
다 이 땅끝에서 시작된 것임을 보아라

백두산을 올라

왜 우리는
우리 땅을 올라
우리 산을 보지 못하는가

하늘을 연 산
여기서 땅이 펼쳐진 산
한겨레를 낳고
한 나라를 세운 산

우리에겐
하늘이고 땅이고 물이며
꿈이고 이상이며
꺾이지 않는 얼의 표상이다

장엄하고 신비롭고
성스럽고 아름답게
언제나 하늘 아래 우뚝하고
땅 위에 높이 솟아
대륙을 굽어보며
찬 서리 눈보라 다 이겨내고
겨레의 핏줄을 지켜왔느니…

더럽히지 않은 민족의 혼을 지켜 왔느니…

이곳 백두영봉에 올라
눈시울 뜨거워진 어진 백성들
복받치는 감격과 환희에
말을 잇지 못하고 두 손을 모은다

우리는
왜 하나이지 못하고
둘이 되어 서로 싸우는가
우리는 왜 먼 길을 돌고 돌아
남의 땅에 올라 우리 땅을 보는가

오늘
백두산을 오른 우리들의 기도는
재물도 아니고 탐욕도 아니고
오직 하나

단군 할아버님!
하나이게 하소서!
통일을 이루게 하소서!

천왕봉에서

왜들
이곳에 올라
이곳만 정상이라 하는가

웅장한 자연
수많은 봉우리
거기도 정상이고
저 아래 저기도 정상인 것을…

정상은 하나이지 않다
산 아래 능선마다 정상이 있다
수천수만의 봉우리
누구나 오르면 주인이 된다

그 산을 올라
인생을 즐겨라
그 정상은 오르는 사람
즐기는 사람의 것이다
당신이 주인이 될 수도 있음을 명심하라

5부

엄마 아빠가

인연(因緣)

인(因)과 연(緣)의 만남
이것이 있으니 저것이 있고
당신이 있으니 내가 있고
하늘이 있으니 땅이 있는 것이다

옷깃을 스친 인연
웃음을 나눈 사람
모두모두 고운 인연
아름답게 지니고 가야한다
수십 생(生)의 인연이라는 부부간의 사랑
당신이 인(因)이면
나는 연(緣)인데
두 손을 모아야 정(情)이 생기느니
서로 정성을 다해 사랑하며 살 일인데

행여 내뱉는
미운 말 한마디는
그냥 사라지지 않고
어디론가 날아가 아무리 기름진 땅이라 해도
꽃도 피우지 못하는 독초가 된다

꽃을 사랑한다 하면서
물을 주지 않는 사람은
가슴속에 독초를 키우는 사람이다

꽃에는 물을…
아내에게도 사랑을…

꽃무릇

만나지 못하면 남이다
인사하지 못하고
손잡지 못하면
누구나 남이다

한 몸으로 살면서
몸과 마음도 하나이면서
눈웃음 방긋 반기지 못하고
만나지 못하는 아픔은
저주와 시기보다 더한 형벌이다

기다려 기다려도
만나지 못하고
그리워 그리워하면서도
말 한마디 못한다면
아무리 속눈썹이 고와
누구보다 빼어나다 해도
누가 이를 사랑한다 하겠는가

사랑하는 사람아
함께 있음도 은혜이고
함께 즐겨함도 축복인데
너 없이 나 혼자
나 없이 너 혼자
그런 외로움 말고
우리 손이라도 마주잡고
아롱다롱 얼굴 마주하며 얽혀 살자

책가방

– 우리 아이들에게

크거나 작거나
무겁거나 가볍거나
누구나 메는 가방
너의 책가방은 너의 책임이다
귀찮다고 벗어버리고 싶어도
그 가방은 너의 짐
즐겁게 지고 가야 할 너의 삶이고 인생이다

아버지 어머니 탓하지 마라
조금 도와줄 수는 있어도
대신 메고 갈 수는 없는 운명
엄마 아빠에게도 짊어져야 할 무거운 가방이
여러 개 있기 때문이다

사람은 누구나 가방 하나씩 메고 가는 길손
가방 속에 무엇을 채워 넣든지
무엇을 공부해서 무엇이 되든지
어느 길을 걸어 어디로 가든지
모든 것이 너의 책임, 너의 능력
스스로 극복하고 이루어 가야 한다

비 오는 날에도
눈보라 치는 날에도
공부하는 이유, 산을 오르는 이유를
엄마 아빠의 꾸중, 선생님의 회초리가 왜 필요한지
이제는 그 이유를 알겠느냐

엄청 크거나
벅차게 무겁더라도
누구나 메고 가는 가방 하나
너의 몫은 네가 메고 가야 할 너의 인생
단단히 챙겨 메고 너의 길을 당당히 가라

고마운 일

잘된 일이다
아무래도 늙을 걸
이렇게 건강하게 늙었다는 것이
고마운 일 아니냐
나쁜 놈 되지 않고
큰 거짓말 하지 않고
부끄럽지 않게 늙었다는 것이
얼마나 다행한 일이냐

여든 즈음에는
무탈한 것이 으뜸이라는데
무슨 사고나 불행 없이
아이들도 즐겁고 건강하다면
비록 나는 좀 늙어 비틀거린다 해도
무엇 하나 꺼릴 것 있던가

남은 한 가지
먼 길 떠나는 것
뭐 어렵지 않겠다는 생각을 하면서
이렇게 잘 늙은 것에 대해

곱고 즐겁게 늙은 것에 대해
함께 가는 여러분께
나를 아는 모든 분들께 감사하고 싶다

싸움 구경

나는 공군 병장 출신
어느 기지에 근무할 때
비번인 어느 날 오후
나무 그늘에서 가장 편한 자세로 쉬고 있는데
미군 두 사람이 다투면서 운동장으로 걸어 나왔다

한 사람은 백인 한 사람은 흑인
흑백 갈등이 원인인 듯 욕설도 들렸다
"덤벼라 이 깜둥아!"
"그래 해 보자! 이 흰둥아!"
금방 주먹이 날면서 엉켰다 떨어지면서 격투는 격열해졌다
한 사람이 코피를 흘리면서 쓰러졌다
한 사람은 발로 짓밟을 듯 치켜들었다

그 순간, 바로 그때
5시 하기식 음악이 울려 퍼졌다
Oh, say, can you see
By the dawn's early light
미국 국가가 울려 퍼지고 있었다
놀라운 것은 싸우던 두 사람의 다음 동작

쓰러진 동료를 일으켜 세우고 차렷! 경례!
일어선 군인도 코피를 흘리면서 차렷! 경례!
감격적이고 아름다운 정경에 나도 벌떡 일어나 차렷!

잠시 후 하기식이 끝나고
두 사람은 다시 싸울 자세를 취했다
그러나 무엇이 두 사람을 하나이게 했을까
몇 마디 이야기를 나누고 기분 좋게 웃더니
악수를 나누고 포옹을 나누는 것 아닌가
그리고는 어깨동무를 하고 한잔하자는 듯 주보로 갔다

애국심
나라 사랑하는 마음
그 애국심으로 하나가 되는 나라
용서하고 화합하는 국민들의 나라
하나의 깃발 아래 하나의 노래로 통일인 나라
그날이 언제인지 우리에게도 오리라 나는 믿고 있다

발맞추고 행진하기

시집 장가를 가본 사람이라면
결혼식 마지막 순서인 '행진'을 해봤을 것이다
축복과 격려 속에 새 결심 새로운 맹세로
발맞추고 거친 세파 속으로 당당하게 걸어가던
그 감격을 지금도 잊지 않고 있을 것이다

발맞추고 함께 걷기
같은 호흡, 같은 보조, 같은 흐름으로
서로 이해하고 사랑하며
그림자처럼 두 사람이 한 몸 되어
참고 견디며 정성을 모아야 행복한 삶을 살터인데
혹시 발걸음이 빗나가 제각각으로 엇나가고 있지 않는가

바라보는 눈길이 달라도 무관심이고
그 속도가 달라도 불화이며
걷는 방향이 다르면 이는 파경이다
이유 없이 멈춰 선 사고는 패배를 말한다

첫 행진 그때처럼
믿고 사랑하는 마음으로

그 언약 그 맹세 그대로
꿈과 목표 향해
뚜벅뚜벅 당당하게 걸어라
발맞추고 함께 가는 것이
행복한 가정을 이루는 길임을 명심하라
그 결심 사랑하는 마음으로
함께 걸어라
사랑하는 사람들아

시인

어딘가 다르고
무언가 다르다

걸음이 반듯하고
말씀도 올바르고
얼굴 표정 그 미소가 정답고
하다못해 기침 한 번도 묵직하다

눈빛은 무얼 찾아 반짝이고
꼭 다문 입은 무얼 일갈(一喝)하려는지
천근 무게로 듬직하고
무언가 아름다운 이상을 좇아
학문의 자유를 즐기는 듯
인격과 품격이 남달라 보인다
잘 익은 사과처럼 신선한 향기도 풍긴다

그럼 나는 어떠한가
시인 앞에 서면
이것저것 하나도 닮지 않는 나는
언제나 흉내 내고 닮아보려 노력하지만

항상 부끄러운 모습, 미천하다는 생각에
얼굴은 붉어지고 머리도 숙여진다

비 오는 날도 있고

비 오는 날도 있고
눈 오는 날도 있는데
이 땅에 발을 딛고 사는 사람아
행여 이불 감고 누워 궂은 날씨 탓하며
허송세월일랑 하지 마라

언제나 우뚝한 저 산
폭풍우가 할퀸다고
머리 숙여 가슴에 숨든가
눈보라에 온 몸이 언다 해도
어느 숲 어느 동굴에 몸을 숨겨 봄을 기다리든가

산은 언제나 그 자리 당당하게
그 모습 그대로 높고 늠름하게
뜨거운 체온 하나로
언제나 푸르고 우뚝하지 않더냐

눈보라 각오하고
히말라야로 가는 사람아
폭풍우가 활개 치는 바다

태평양으로 가는 사람아
눈보라 폭풍우는 잠시의 시련일 뿐
도전하고 극복해야 승리자가 되는 것이니

순수와 이성을 찾아가는 길에
너는 즐겁게 그 선봉이 되어라
눈보라 속에 오른 정상
감격의 주인공이 되리라
비 오는 날
눈 오는 날이 있어도

고도(Godot)를 기다리며*

나는 기다린다
고고와 디디처럼**
기다리고 기다리며 기다려야 한다기에

오늘도 기다리고 내일도 기다리며 아침부터 기다리고 뙤약볕에서도 기다리며 오지 않아도 기다리며 만나지 못해도 기다리며 그리워하면서 기다리며 소망하는 마음으로 기다리며 간절히 기도하는 마음으로 기다리며 구원을 갈망하며 기다리며 이상향을 그리듯 기다리며 바보처럼 기다리며 서성거리며 기다리고 운명인가 하며 기다리고 평화인가 하며 기다리며 신(神)인가 하며 기다리며 누구인지 무엇인지 모르면서도 기다리며 영영 오지 않을지도 모르면서도 기다리며 이제는 죽기 전에 꼭 만나야 한다는 생각으로 기다리며 절대 원망하지 말아야지 하는 생각으로 기다리며 언젠가는 한 번 꼭 나타나 주겠지 하는 마음으로 기다리며 삶은 곧 기다림이라기에 기다리며 포기하면 안 된다기에 기다리며 절망을 이겨야 한다기에 기다리며 희망을 안고 살아야 한다기에 기다리며 누군가 애타게 기다려 본 사람은 안다기에 기다리며 신의 응답을 들어야 한다기에 기다리며 누군가 구원해 주겠지 하는 희망으로 기다리며 이제는 별수 없이 기다리지 않고는 어쩔 수 없다는 심정으로 기다리며 속고 또 속아도 별수 없이 믿고 기다려야 한다기에 기다리며 아침부터 하루 종일 달(月)이 가고 해(年)가 가도 끝없이 기다리며

긴긴 하루를
어제도 오늘도
속는 줄 알면서도
안 올 줄 알면서도
여든여덟 해(年)를 기다리고 기다리다
이제는 죽기 전에 꼭 만나겠지 하는 희망으로 기다리며
살고 있는 인생

*사뮈엘 베게트(1906~1989)의 노벨문학상 수상작 『고도(Godot)를 기다리며』를 읽고.
**연극 속의 두 주인공

벽(壁)

불쑥불쑥 힘 솟던 시절 있었다
한번 안고 싶은 순간 있었다

일요일 느긋한 시간
비애처럼 비는 내리는데
방은 단칸방
아이들이 책을 읽고 있으니
용광로 끓어 넘치는 정열을
참고 견디다 어쩔 수 없어
비를 맞고 뒷산을 오르기도 했다

벽(壁), 벽이 있어
나를 숨겨주는 공간
벽이 있고 공간이 있어야 하는데
어디에 있나, 왜 나에게는 방(房)이 없나
그 벽을 찾아 한평생을 땀 쏟으며 살았다

이제는 영감 할멈 두 사람
방이 셋이나 있는데
11층 아파트에 두 사람뿐인데

하하하 웃고 맙니다
그저 건강하면
이대로도 고맙다는 생각
마주보고 웃으니
정말 행복합니다

노인 다방

재미있더라
중앙로 부근의 골목 안 옛날식 그 다방
다소곳한 한복 차림의 마담이
“안녕하세요?” 인사하며 두 손을 잡는데
손이 그리 곱고 부드러워 정신이 없는데다
“건강하시지요?” 속삭이는 말이
50년 전 연인처럼 정다워
누구나 황홀해져서 손을 놓지 못하고
잊어버린 첫사랑 소녀를 만난 듯 황홀해지는 거라

언제 이런 인사 들어 보았나
누구에게서 이런 속삭임 들어 보았나
즐거워진 영감님들 호기 있게 옆자리에 앉아
차 주문을 하는 거라
“여기 홍삼차 둘, 마담도 뭐 하나 하소”

짜릿한 일탈(逸脫)
남자들은 이런 기분에 산다
이런 멋에 쌈짓돈 비상금도 턴다
색다른 카타르시스와 만족에

찻값이 아깝지 않는 거라

덧없는 인생
흘러버린 젊음과 사랑 때문이겠지
그리움과 아쉬움에
빈 가슴이 허전해서이겠지

"잃어버린 것에 대하여"
"다시 못 올 것에 대하여"
"낭만에 대하여"
색소폰 울음 같은 최백호의 노래가 흐르고 있었다

엄마 아빠가

엄마 아빠가
능력이 없고 부족해
너희들 고생스레 공부하게 했구나
아빠 몰래 아르바이트하면서 공부한
너희들의 열성을 아빠는 기억하고 있다

그런데 이 못난 아빠가
너희들에게 잘한 것이 한 가지 있다
가난이 서럽고 가슴 아프던 시절
힘들어 어렵게 일터로 가면서도
너희들 공장으로 보내지 않았고
시장 바닥으로 내몰지 않았음이
가장 자랑스럽고 잘한 일이라는 생각이다
공부하라! 열심히 하라!
회초리 들고 다그친 게 옳았다는 생각이다

책가방 뺏어 던지고
공장이나 시장으로 보내고
아빠가 술이나 취해 비틀거렸다면
너희들에게 무슨 희망이 있었겠느냐

맑은 눈망울에서 꿈을 보았다
낭랑하게 책 읽는 소리에서 희망을 들었다
한 장 두 장 쌓여가는 상장에
엄마 아빠는 힘을 얻었단다

잠시 생각이 못미처
너희를 세파(世波) 속으로 내몰았다면
엄마 아빠는 지금 어떤 모습으로 살고 있을까
또 너희들은 어떤 구차한 삶을 살고 있을까

인생항로에서 엄마 아빠의 책임
왜 선장의 책임이 중요한지 이제는 알겠느냐
캄캄한 밤 폭풍우 속에서도
너희들 바다에 빠뜨리지 않았고
꿈과 이상 꺾어버리는 폭력 없이
항구에 잘 도착한 것이 기적이란 생각이다

엄마 아빠의 무겁던 두 어깨
너희는 기억해야 한다
곧 너희도 엄마 아빠가 될 터이니까

정축생(丁丑生) 소띠

37년 정축생
여든여덟의 소띠 인생
소를 닮아 소처럼 살았습니다

말 없이
유순하고 성실하며
불평 없이 복종하고 충성하며
땀 흘려 열심히 일하는 순종(順從)으로 살았습니다

느리다고 회초리로 맞았지만
착해서 잘 속는다고 바보 소리도 들었지만
앞서 나서지 못하고
항상 뒤처져 끌려다니기만 하다가
웃음거리가 되기도 했지만
소를 닮은 운명이라기에
그저 소인 척, 그래 나는 소다! 하는 심정으로
억척스러운 소, 일밖에 모르는 순박한 소가 되어
숙명처럼 큰기침 한번 없이 살았습니다

약삭빠르지 못하고
잘나지 못하고 재빠르지 못해도
법 없이 살 사람이란 칭찬은 들어왔습니다

나는 소띠 인생
이제는 늙은 황소가 되어
죽은 듯이 조용히 살고 있습니다
그날만 기다리며 살고 있습니다

아흔 즈음이 되니

아흔 즈음이 되니
세상의 모두가 고맙다
아직도 밥상 차리는 할멈이 고맙고
두 아들 딸 하나 아이들이 고맙고
다시 아들딸이 된 며느리 사위가 고맙고
꿈나무 손자 손녀들
탈 없이 자랐으니 고맙고

반겨주는 친구들이 고맙고
네 계절 꽃피고 낙엽 지는 계절이 고맙고
아름다운 시를 읽는 시인임이 고맙고
절제를 가르쳐 준 술이 고맙고
산과 바다의 선물 그 맛들이 고맙고
먼 나라 찾아가는 여행이 고맙고
달나라를 구경시켜 주는 문명이 고맙고

뭐니 뭐니 해도
제일 고마운 것은
아흔 즈음이 되어서도
당신과 나

마주보고 웃고 있음이다

아흔으로 가면서 뒤돌아보니
우리들의 삶 모두가
은혜이고 기쁨이다
즐거운 인생이여!

노인들

우글쭈글 감나무는
감나무끼리 닮고
우리 같은 노인은
노인들끼리 닮았으니

잘났거나 못났거나
가졌거나 못 가졌거나
늙으니 모두 똑같이
노인들끼리 닮았으니

대머리에 왕 주름
시들었거니 쭈그러졌거나
늙은 호박은 호박끼리
같은 얼굴로 닮아서 좋다

해설

된비알 올라 세상 바라보기, 그 성찰과 평형

– 권우용 시선집의 시세계

강희근

시인. 경상국립대 명예교수

전, 한국문인협회 부이사장

1. 들머리

권우용 시인은 이번 시선집에 이르러 그저 바보처럼 “바보라 해도 시가 좋아서/ 그저 바보 같은 내가 좋아서” 시를 쓴다고 말한다. 가톨릭의 고 김수환 추기경은 스스로를 ‘바보’라 했다. 이때 바보는 말 그대로의 바보가 아니라 자기 겸손, 계산이 되지 않는 양보나 져주기의 삶을 가리키는 것일 터이다. 그리고 상대에게 감사하고 고마워하는 마음가짐이 그 마음의 바탕일 것이다. 이런 제 설 자리 찾기와 사람으로서 가져야 할 안분의 세계 등에서 시인은 놓치지 않고 도리와 성찰과 인격에의 평형 잡기를 이루어 가고 있다.

감사합니다
함께 하는 가족이 고맙고
읽어주는 독자들이 고맙고
채찍질하는 친구들이 고맙고
나를 기억하는 모든 분들이 고맙습니다

시인의 시적 문법에 고맙고 감사함의 고랑과 이랑을 이어져 나갈 때 어느새 노령 언어로서의 시학에 안착하게 될 터이다. 이 안착에서 스스로의 시적 넓이와 깊이의 용량을 가늠해 볼 수 있지 않을까 한다.

2. 지역 시인으로서의 자긍심

연륜이 있는 시는 지역의 역사나 축제나 그 문화적 배경에 충일한 삶을 포용한다.

잠시
우리도
그날, 그 성벽 처절한 싸움터의
용맹스런 군졸이 되어 보아야 한다

그들의 함성 역사가 되어
충절을 말하고
치욕을 증언하며
목이 터지게 외치고 있는데

강물이 저리 곱다고
꽃동산을 이루어 저리 흥겹다고
우리들, 강에 기대어 살면서
술이나 취해 비틀거려서야 되겠느냐

우리들
잠시 옷깃이라도 여미고
임들의 피맺힌 절규
가슴에 새겨야 하지 않는가

-「잠시 우리도 - 진주남강유등축제」

글로벌 축제 '진주남강유둥축제'는 임진왜란에서 전사한 6만 군사와 성민들을 위로하는 진혼의 의미로 등을 남강에다 띄우는 제례적 의미로 열리고 있다. 그러니 화자는 스스로 그 군사가 되어 당시의 용맹을 실현해 보여야 한다는 것이다. 역사를 흘러간 역사로 읽는 것이 아니라 현재 진행되는 사건에 놓이는 그 주체가 되는 것이다.

다음 작품은 「소망등 하나 띄우고」이다. 지역민으로서 그 축제의 시민참여 분야에 잊지 않고 참여하고 일원이 되는 모습을 솔선 보여주고 있다.

"우리도 소망등 하나 띄웁시더"
아내가 소매를 끈다
"왜 또 무슨 소망이 남았나"
"그럼 당신은 소망도 없습니꺼"

아들 딸 여섯 이름 적고
손자들 여섯 이름 순서대로 적고
"건강하게 하소서"라 적었다
우리 두 사람은 적지도 않았다

그래 우리는 괜찮다
강물이 이리 고운 밤에

우리는 즐겁고 건강한데 말이다

등 하나 띄우고
영감 할멈 두 사람
이대로 즐겁다고 두 손을 꼭 잡았다

-「소망등 하나 띄우고 - 진주남강유등축제」

축제의 두 기둥은 제의성과 시민참여이다. 인용시는 시민참여의 한 장면이다. 남편과 아내가 공동으로 동참하는 것이 보기에 좋다. 우리나라 축제문화는 진주에서 1949년에 개최된 개천예술제가 그 효시다. 이를 벤치마킹한 각 지역 예술문화제는 1500여 군데나 되었다. 효시가 효시답게 그 제의성은 단군성조에게 바치는 예술적 봉헌이다. 광복 이후 국내 최초로 나라 세운 단군에의 지향이 각 지역 문화축제로 번져간 것이다. 그리고 이 유등축제 역시 개천예술제 행사의 하나인 '유등 놀이'가 집중과 선택으로 국제유등축제의 세계성 축제(세계 5대축제)로 이어진 것이었다.

인용시의 두 화자는 바로 시민이 주인인 참여형 축제의 주인공이고 그 전형이라 하겠다. 지역민은 이렇게 참여하고 물줄기를 이루고 스스로 소망등을 띄운다.

3. 노령과 쑥스러움과 다소곳함, 자활의 자리

연륜은 한없이 자기 미숙과 자기 미달의 자성을 띄우고 사는 것이 편하다. 아니 나이를 오히려 낮추며 조절하며 지각하는 신입생으로 자리를 구석진 곳에다 맞추며 산다.

쑥스러운 것은
내가 여든도 여덟이나 넘은 것이요
더 쑥스러운 것은
50년 지각생이라는 것이고
더욱 더 쑥스러운 것은
이제 겨우 신입생이 된 기분이라는 것이다
거기다 더욱 쑥스러운 것은
건방지게 시를 공부하고 있다는 것이고
무엇보다 더 쑥스러운 것은
부끄럽게도 시가 그저 그런 수준이라는 것이고
누가 뭐래도 내가 쑥스러운 것은
배우지 못한 내 학문의 얕음인데
세상의 누가 뭐라 해도 내가 쑥스러운 것은
염치도 없는 내 인생 마지막 열정이라 하겠는데
허욕이라 흉도 보겠지만
지나친 탐욕이라 수군거리겠지만
그래도 조금 대견하고 자랑스러운 것은
늘그막 노년의 몰입
꺼지지 않는 불꽃 때문이다.

-「쑥스러운 것은」 전문

시는 늘그막 시인으로서 쑥스럽다는 자기 겸양의 시말서를 작성하고 있어 보인다. 처음부터 나이를 비추고 50년 지각생 정도로 스스로의 자리를 매김한다. 여기서 방점은 시를 쓰는 시인이라는 점에 있다. 스스로의 시는 이른바 난해시나 지적 초월이나 형이상적 세계로 내닫지 않고 평범한 자기 인생의 못뚝에다 말뚝 하나를 박고 주변과 삶이라는 생활시적이요 인생론적인 '자활의 시'를 쓴다는 것이므로 쑥스럽다는 것이다. 필자는 이런 경지의 시를 자족 자활의 시라고 부른다. 자기 생애 또는 생존의 리듬에 충실한 것이므로 누가 뭐라고 하든 시는 오직 삶 안에서, 연륜 안에서, 자생 자활의 길을 가고 있다. 문명이 가치의 척도로 계량될 수 없는 것처럼 생활 서정도 철학이나 지식 정보의 잣대로 잴 수 없는 것이다. 그래서 시인은 당당하다. 마음 놓고 쑥스럽고 쑥스럽다고 강조하는 것이다. 쑥스러울수록 그것은 역설로 쑥스럽지 않은 것이 되기 때문이다.

그래서 시인은 다음처럼 자기 시를 정리하고 있다.

문자로 그리는 그림
짧게 줄인 말의 조각품
해설, 묘사만 있어선 안된다
대상에 끌려가서도 안되고

내용을 형상화 하되 초점을 맞추어야 하고
상징괴 비유로 이미지를 그리되
서정으로 흐르면서
사람의 냄새가 향기처럼 풍겨야 하고
상투적인 표현에서 벗어나야 한다
영혼을 쥐어짜는 고통으로
밤새우는 열정과 몰입으로 쓰는 것이 시다

- 「어렵다, 어려워」 부분

이 시는 권시인의 자작시론이다. 이를 재구성해 보면 이미지의 시, 함축과 내포의 시, 관념과 묘사의 적절한 구사, 지나친 사물시에 대한 자제, 상징, 비유와 서정성의 결합, 상투적 표현의 자제와 내면의 확충 등이다. 이 정도 시적 지향이라면 자기 목소리를 낼 만한 습작기를 거쳐 사물적 터치와 신선한 서정이 결합되는 신서정의 구현이 시의 이상이라는 주장이다. 시를 자유롭게 접근 하는 듯했지만 사실은 시가 가질 수 있는 이론적 배경이 다양하다.

그러나 권 시인은 그 다양함에 휘말리지 않는, 소년처럼 천진하고 겸손으로 낮추는 자기 노력이 단순히 필요하다는 것이다. 그래서 "에고! 어렵다, 어려워" 하는 자세이다.

4. 여든일곱의 생일, 그리고 노년의 기도

권우용 시인은 지극히 가정적이다. 어떤 일정이든 출발은 가정이다. 그러므로 그는 파란만장한 세월에서도 표류하지 않고 뒤틀리지 않고 제 자리에 맞는 방석을 깔고 산다.

생일날 현주소를 짚어 보기로 하자.

아이들이 다 모였다
큰아이는 창원에서 오고
딸과 사위는 세종에서 오고
아이들 합쳐 14명 가족이 다 모였다

고기 먹고 소주도 한 잔 걸치고
케이크 불 켜고 해피 버스데이도 부르고
축하한다! 건강하세요! 덕담들 하지만
나의 여든일곱의 생일에는
365개의 하루가 가 버렸다고
그날이 좀 더 가까이 온 것 같아서
도저히 즐겁지 않다고

허무하고 아쉬워서 괜히 우울해진다면서
앞으로는 무슨 기념일이라 축하하지 말고
가만두는 것이 좋겠다고
생각나는 대로 몇 마디 하다가

아프지만 말고
어디 여행이라도 다니면서
지금처럼 이대로만 계시라고

좋아하는 시를 읽으면서 즐거우면 좋겠다고
아이들 고운 당부에
그래 그래 고맙다 하다가

할멈이 챙긴 흰 봉투 세 개에 관심을 가졌다
웬 돈 욕심인가 부끄러워 하다가
썰물처럼 아이들 다 떠나가고
영감 할멈 두 사람 집으로 와 보니
내 생일 달력 위 동그라미 속으로
또 한 한 해가 사라져 버린 날
오늘은 기쁘고 감사한 날이지만
어찌 좀 우울한 기분이다

- 「여든일곱의 생일」 전문

화자의 나이 87세, 그 생일이다. 전국에서 자식들이 다 모여 가족이 14명이다. 이 자체가 더 보탤 말 없이 행복이다. 식구가 온존하고 제 할 일이 있어 각자 제 사는 곳에서 아버지 생일이니 부모 사는 집으로 깜부기 없이 모여든 것이다. 그리고 생일이면 케이크에 불붙이고 생일 노래하고 덕담하고 서로 건강을 빌어주는 통상의 회식이니 그것이 만일 이 빠진 것처럼 식구들 건강 상태가 온전

하지 못하다고 생각해 보라. 그날이 마침 그날이니 어찌 할 것인가. 인간에게는 무병 무탈이 행복의 제1조건이 아닐 수 없다 할 것이다.

시인의 87세 생일은 100세 시대의 중간 허리를 지나가고 있는 중이다. 그 점검을 최고 가장의 생일을 기해 무난히 통과하는 가족이어서 보기에 좋고 들어서 기쁜 일이 아닐 수 없다. 그러나 썰물처럼 흩어지고 집으로 돌아온 화자는 한 해를 지우는 우울을 혼자 감내해야 한다. 그러나 그 조그만 몫은 몫이기에 인간이요 실존이다.

화자는 그리하여 「노년의 기도」를 바친다.

가슴 아픈 후회 더는 없게
'사랑한다'고 인사하게 하시고
끝으로 우리 아이들
희망 속에 감사하며 살도록
깨우쳐 주시고 채찍하여 주소서
두 손 모아 기도합니다

노령의 시 노후의 시는 '아이들'이 그 승계의 중심에 있다. 인간사는 대대로 부모의 일로부터 자식의 일로 바톤터치되면서 릴레이로 이어진다. 인간은 가진 것의 기회는 기도가 있어 풍요롭다. 신이 존재하지 않는다면 따라서 기도도 존재하지 않을 것이다. 그러므로 기도는 인간여백의 마지막 언술이 아닐 수 없다

5. 끝자리 사색

권우용 시인은 끝자리에서 사색의 한 평형을 이루고 있다. 왜들 인간들은 정상을 하나라고만 하는가?

웅장한 자연
수많은 봉우리
거기도 정상이고
저 아래 저기도 정상인 것을…

정상은 하나이지 않다
산 아래 능선마다 정상이 있다
수천수만의 봉우리
누구나 오르면 주인이 된다

-「천왕봉에서」 부분

천왕봉은 정상이지만 정상의 하나에 불과하다. 수많은 봉우리가 있고 능선이 있다. 동일한 높이로 재는 것도 있지만 그 기준은 넓이로 깊이로 형형색색으로 잴 수도 있으니 각기 정상은 각기 정상의 컬러에 따라 다른 정상이 된다. 그러므로 정상은 곳곳에 있을 것이다. 각양각색이라는 정상은 여든일곱 생일에 이루는 것도 있을 것이고 여든여덟에 이루는 것도 있을 것이다. 그리고 형이상은 형이상으로서의 정상이 있을 수 있고 형이하는 형이하로서의 정상이 있으리라.

정상은 하나로서의 정상에서는 줄 세우기의 원리에 의하지만 가치에 의한 줄 세우기는 크게 볼 때 겸양이고 어쩌면 바보로서의 가치 재단이 될 것이다. 사람에 따라서는 안분지족에서는 그 줄은 거꾸로 서는 것이 되기도 할 것이다.

다시 앞으로 돌아가 왜 사람들은 천왕봉만을 꼭 정상이라 고집하는가. 왜 거기서만 만족의 깃발을 들어야 하는가. 이 경직된 줄 개념을 깨고서야 인간들은 넉넉하고 느슨하고 뒤처짐의 안전도를 맛볼 수 있게 되리라. 이것이 사색의 균형 내지 평형 잡기가 아닐까 싶기도 하다.

권우용 시선집
된비알 올라 뒤돌아보니

2025년 4월 25일 초판 인쇄
2025년 4월 30일 초판 발행

지은이 / 권우용
발행인 / 강병욱

발행처 / 도서출판 교음사

03147 서울 종로구 삼일대로 457 수운회관 1308호
Tel (02) 737-7081, 739-7879(Fax)
e-mail / gyoeum@daum.net
등록 / 제2007-000052호

* 잘못된 책은 바꾸어 드립니다. 값 10,000 원

ISBN 978-89-7814-053-9 03810